Friedel Scheede

# Chi - Gong

## die acht Schätze

© 2015 Friedel Scheede

Verlag: tredition GmbH, Hamburg

ISBN
Paperback:     978-3-7323-6726-9
Hardcover:     978-3-7323-6727-6
e-Book:        978-3-7323-6728-3

Printed in Germany

# Friedel Scheede

# Chi-Gong die acht Schätze

Trainingsunterlagen

*In der Stille liegt die Kraft.*

Name _____

Bibliografische Information durch

Die Deutsche Bibliothek:

Die Deutsche Bibliothek verzeichnet diese Publikation in der Deutschen Nationalbibliografie; detaillierte bibliografische Daten sind im Internet über http://dnb.ddb.de abrufbar.

# Gliederung

## Zur Person: Friedel Scheede, ein Porträt

Friedel Scheede wurde 1949 in Biblis geboren, als Kfz.-Meister agiert er in verschiedenen Betrieben. Vom Techniker zum Geschäftsführer. Betreute er zuletzt Vertriebspartner für namhafte Diagnosegeräte-hersteller. Parallel dazu hat er die letzten 20 Jahre als Trainer in mehreren großen Verkaufsunternehmen Deutschlands Menschen zum Verkauf motiviert und somit die Grundlagen für seine spätere Tätigkeit als Vertriebstrainer mit ganzheitlichem An-satz gelegt. Vom Verkäufer zum Controller. Aus der Praxis bis hin zur zielgerichteten Umsetzung. Heute gilt er als Experte für Einstellungs- und Umsetzungs-Trainings. Zahlreiche Seminare unterstreichen seine Arbeit. Für Friedel Scheede bedeutet nur angewandte Praxis - Macht. Darum ist es wichtig, die Menschen im Unternehmen von der reinen Wissensvermittlung über die Praxis zur persönlichen Einstellung und aktiven Umsetzung zu coachen.

Auf Messen und Großveranstaltungen in Industrie und Wirtschaft versteht es Friedel Scheede, auch mit seiner Art der Darstellung, neue Maßstäbe zu setzen.

Friedel Scheede erhielt mit dem Zertifikat im Mai 2002 als einer der ersten deutschen Trainer die Zertifizierung zum „Certified Sales Professional" von der offiziellen Qualitätsgemeinschaft internationaler Wirtschaftstrainer und Berater e. V. (Q-Pool).

Die Trainer Group mit ca. 100 Trainern wurde für ihre praxisnahen und messbaren Trainings bereits öfters mit dem Deutschen Trainingspreis vom BDVT (Bund dt. Verkaufsförderer und Trainer) und des Öfteren mit dem Weiterbildungs-Innovations-Preis vom BIBB (Bundesinstitut für Berufsbildung) ausgezeichnet. 2002 wurde Friedel Scheede weltweit zu einem der 5 zertifizierten Business Chi Gong Mastertrainer ausgezeichnet.

Seine Maxime:

Wenn es stürmisch wird im Geschäft, bauen die Einen Mauern, die Anderen Windmühlen.

## Grundlage

Um den Körper und den Geist gesund bis ins hohe Alter zu erhalten empfehle ich nach altchinesicher Erfahrung und Tradition täglich einige Minuten zu investieren.
Und Sie werden diese Übungen nicht mehr missen wollen.

### *Vorwort*

Grundlage meines Konzepts sind die asiatischen Formen des Do-In, Chi Gung (Qi Gong) und Tai Chi. Ich habe diese überlieferten Techniken den Bedürfnissen des modernen Menschen angepasst. Daraus entstanden die acht Chi-Gong Übungen, die auch Sie ganz schnell erlernen und umsetzen können. So erzielen Sie größtmöglichen Nutzen und erreichen maximalen Erfolg.

Die acht Chi-Gong Übungen beruhen also auf einer sehr alten Kunst, die noch vor zwanzig Jahren streng geheim gehalten wurde. Chi-Gong ist die Kunst der Energiegewinnung. Woher bekommen wir unsere Lebensenergie? Natürlich durch die Luft, die wir atmen und durch die Speisen, die wir essen. Die Praxis des Chi-Gong jedoch steigert unsere Energie ganz wesentlich und ermöglicht uns, mehr aus unserem Leben zu machen.

Mit Chi-Gong können Sie:
Ihre Gesundheit fördern.
Innere Kraft aufbauen.
Ihren Geist schulen.

Mit Chi-Gong können Sie vom Morgen bis zum Abend fröhlich und effektiv arbeiten und trotzdem noch die Energie haben, den Abend mit Ihrer Familie oder mit Freunden zu genießen.
Mit Chi-Gong können Sie unglaubliche Leistungen vollbringen.
Das hat nichts mit Hokuspokus zu tun. Seit Jahrtausenden profitieren Menschen von den positiven Wirkungen des Do-In, Chi Gung (Qi Gong) und T'ai Chi. Bisher jedoch war diese Kunst einem verhältnismäßig kleinen Kreis von Eingeweihten vorbehalten. (Kaiser und Könige)
Mit Hilfe der acht Chi-Gong Übungen jedoch können nun auch Sie ganzheitlich neue Lebensenergie gewinnen.

# Einleitung

Als Kind hatte ich sehr viel gelesen. Immer schon faszinierten mich besonders fremde Kulturen.

Eine Tatsache beschäftigte mich aber besonders...

Wenn ein Mensch mit den Füßen täglich im Wasser steht in gebückter Haltung ca. 70 - 80 Jahre hart arbeitet warum wird dieser Mensch über 100 Jahre alt?

Ist es das besondere Essen?

Ist es das Klima?

Was dann?

Sehr schnell fand ich heraus, dass ein Arzt in China nur Geld erhält, wenn seine Patienten gesund sind!

Davon ausgehend war ich der Sache schon ganz nahe:

Jetzt erkannte ich den Unterschied im Gesundheitssystem.

Und wie leben wir?

Also mussten die Chinesischen Ärzte schon immer vorbeugende Maßnahmen treffen um den Menschen gar nicht erst Krankwerden zu lassen. Sonst wären ja Ihre Einnahmenquellen versiegt.


Chi-Gong oder Qi-Gong ist weit über 4000 Jahre alt. Und in der TCM also Traditionellen Chinesischen Medizin nicht mehr wegzudenken.

Chi-Gong ist die Quelle der Kraft und des Gesundseins.

Die in diesem Buch beschriebenen Übungen, sind die Ältesten und am besten, gehüteten Formen des Chi-Gong. So wurde bis vor kurzen, noch unter Todesstrafe verboten, diese außer Landes zu bringen.

Diese Trainingsform war so kostbar, dass man Sie auch die acht Brokate oder die acht Schätze nannte, die nur von Kaisern und Königen weitergegeben wurden und nur einem elitären Kreis zur Verfügung standen.

Der Brokatstoff war im Mittelalter so wertvoll, dass man ihn mit Edelsteinen und Diamanten aufwog.

Schon die ersten Shaolin Mönche haben die Tradition überliefert. Es unterscheidet sich in hartem Chi-Gong, daraus entwickelten sich Karate usw. also alle Kampfsportarten. Oder weichem Chi-Gong, also Übungs-folgen des vegetativen Nervensystems. Weiche Methode, die heilende oder entspannende Wirkung haben.

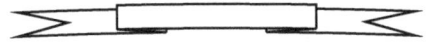

**Chi-Gong findet Einsatz in der Therapie von:**

- Herz- und Kreislauferkrankungen, Bluthochdruck
- Nervenschwäche
- Stress
- Verdauungsstörungen
- Magen-Darm-Geschwüren
- Lebererkrankungen
- Lungenerkrankungen
- Krebstherapie
- Schmerztherapie
- Kreuz bzw. Rückenschmerzen
- bei geriatrischen Erkrankungen (altersbedingten Erkrankungen)
- verbesserte Koordination
- mehr Körperspannung und Körperbewusstsein, wirksame Straffung der gesamten Figur
- verbesserte Durchblutung
- Stoffwechsel wird angeregt
- verbesserte Mikrozirkulation
- effektives Beckenbodentraining
- gesteigerte Energieversorgung aller Bereiche des Körpers
- Verhinderung des Abbaus der Knochendichte (Osteoporose)
- Lösen von Verspannungen und Haltungsfehlern
- schonendes aerobes Fitness-Training zur Fettverbrennung

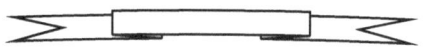

Es existieren 5 Schulen des Chi-Gong: die taoistische, die buddhistische, die konfuzianische, die medizinische und die Schule des Boxens (der Kampfkünste). So verschieden auch ihre Ziele sind - Schulung des Geistes, des Körpers, der Kraft, der Gesundheit und Gesunderhaltung, Schulung der ethisch-moralischen Lebensführung -, so gibt es jedoch nur drei Chi-Gong Methoden.

- Stilles Chi-Gong (jing gong)
- Dynamisches Chi-Gong (dong gong)und
- Chi-Gong in Ruhe und Bewegung (jing dong gong).

**Zum richtigen Stehen und Atmen**

Stellen Sie sich vor, tief einzuatmen.

Atmen Sie nun tief ein und beobachten Sie Ihren Körper.

Haben sich die Schultern gehoben? Wenn ja sollten Sie zuerst diese Atemübungen solange durchführen, bis Sie dies im Schlaf können.

Stellen Sie sich nun in die „Grundstellung". Die Grundstellung werden Sie im Laufe der Übungen noch öfter einnehmen. Das heißt, schulterbreiter Stand, die Füße bilden mit der Schulter eine senkrechte, gedachte Linie. Sie stehen aufrecht und entspannt.

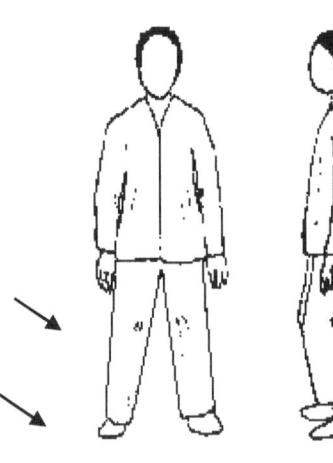

Lagern Sie Ihr Gewicht gleichmäßig auf die schulterbreit, auseinander, gestellten Füße. Beugen Sie die Knie leicht durch, so dass Sie noch bequem stehen. Richten Sie die Wirbelsäule in einer geraden Linie auf, schieben Sie dazu das Becken nach vorne. Die Füße stehen parallel zum Körper und sind nicht nach innen oder nach außen gespreizt. Die Füße stehen flach auf, niemals mit den Zehen oder den Füßen wippen. Suchen Sie sich flache Schuhe aus oder stehen Sie am besten barfuß. Stehen Sie in einem Zimmer, dann stellen Sie sich immer parallel zur Grundfläche des Raumes, niemals Diagonal, sonst kann die Energie nicht fließen. Schauen Sie am besten durch ein Fenster und suchen am Horizont einen Punkt den Sie mit den Augen fixieren.

Stehen Sie im freien, fixieren Sie einen Punkt am Horizont. Suchen Sie möglichst eine ruhige Umgebung. Zumindest am Anfang damit sie nicht abgelenkt werden. Die Knie sind locker und leicht gebeugt, wie beim Skifahren.

Die Pobacken fest zusammengedrückt. Da diese Haltung zuerst ungewohnt ist nehmen sie sich so viel Zeit hierfür bis es perfekt funktioniert. Sammlung der Körperenergie senken Sie das Kinn leicht in Richtung Brust, damit der Hinterkopf in gerader Verlängerung zum Rücken steht. Die Schultern sind entspannt und die Arme locker.

Nun legen Sie die linke Hand auf den Unterbauch so dass der Daumen über dem Nabel liegt. Die rechte Hand legen Sie darüber, so dass die Daumenspitzen sich berühren und eine Öffnung für den Nabel entsteht. Die Hände liegen nun auf dem „Mittlere Dantian". Das ist der Bereich unterhalb des Bauchnabels.

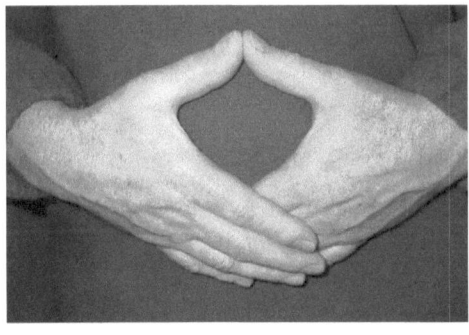

Hier liegt Ihr Dantian das Energiezentrum des Körpers. Alles klar? Wenn nicht schauen Sie einfach auf das Bild. Nun beginnen Sie mit der Nase einzuatmen, so dass sich die Bauchdecke nach außen wölbt und die Schultern sich nicht heben. Also nur in den Unterbauch atmen. Legen Sie die Zunge oben an den Gaumenboden beim Einatmen. Beim Ausatmen öffnen Sie den Mund und lassen alle Luft raus versuchen Sie noch weiter auszuatmen, so dass der Bauch weiter und weiter nach innen geht. (All unsere Konzentration ist auf das ausatmen gerichtet).

Konzentrieren Sie sich mehr auf das Aus- als das Einatmen. Erst wenn keine Luft mehr im Körper ist gestatten Sie der Nase frische, Pfirsich samte Luft in Ihre Atemwege aufzunehmen. Atmen Sie ruhig und gleichmäßig durch die Nase ein und durch den Mund wieder aus. Richten Sie jetzt Ihre Aufmerksamkeit auf den Fluss Ihres Atems und folgen Sie ihm. Sie werden bemerken, wie er in das Mittlere Dantian einströmt und Sie zur Ruhe kommen lässt. Genießen Sie für einige Minuten diesen Zustand der inneren Entspannung.

Die Übung so oft wiederholen, bis Sie sich sicher sind, dass Sie diese Übung können.

Nehmen Sie sich auch für alle anderen Übungen Zeit, je langsamer Sie die Bewegungen machen, desto wirksamer werden diese sein.

Nehmen Sie sich auch für die nun folgende Übung ausreichende Zeit und trainieren Sie jede Übung so lange, bis Sie diese perfekt können. Wenn alle Übungen für Sie ausreichend umgesetzt sind bilden Sie einen Komplex aller Übungen in der Reihenfolge. Dabei spielt es keine Rolle, ob Sie diese Übungen genau in der Reihenfolge, wie in diesem Buch beschrieben, durchführen oder Ihre Reihenfolge selbst bestimmen.

Wichtig ist nur, Sie sollten mit der ersten Übung beginnen und alle Übungen mindestens je **8-mal** durchführen.

Die Acht hat eine ganz besondere Kraft.

Und am Ende die Entspannungsübung durchführen

(Stehende Meditation).

Ob Sie diese acht Schätze morgens oder abends durchführen bestimmen Sie selbst.

Morgens sind diese Übungen Leistungssteigernd für die Herausforderungen des Tages und abends entspannend für die Nacht.

Also mit der Tageszeit bestimmen Sie die Wirkungsweise für sich und Ihren Körper.

Sie können jederzeit einzelne oder eine Übung, je nach Bedarf auch herausgelöst durchführen wie z.B. der dreifache Energizer, wenn Sie eine besondere Herausforderung haben.

**Wichtig:**

Machen Sie alle Übungen langsam, vermeiden Sie hektische Bewegungen.

Bringen Sie die Übungen in den Fluss und machen die Bewegungen gleitend niemals abrupt oder schnell.

**Atmung:**

Im Text steht zwar immer Einatmen, gemeint ist aber den Atem einfließen zu lassen ohne gezwungene Konzentration auf das Einatmen.

Wir konzentrieren uns bei all den Übungen nur auf das Bewusste Ausatmen. (Das einatmen kommt von alleine...)

**Stand:**

Es gibt drei Stellungen der Füße:

(Füße stehen immer parallel wie beim Skifahren).

1. Entspannung:                 Füße 2 fußbreiter Abstand.

2. Grundstellung:               Schulterbreiter Fußabstand.

3. Erweiterte Grundstellung: 1 ½ -facher Schulterabstand.

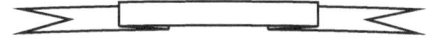

Kurz vor seinem Tode hat der große argentinische Dichter Jorge Luis Borges das Wesentliche in wenigen Worten zusammengefasst:

„Wenn ich mein Leben noch einmal leben könnte,

im nächsten Leben, würde ich versuchen, mehr Fehler zu machen.

Ich würde nicht so perfekt sein wollen, ich würde mich mehr entspannen.

Ich wäre ein bisschen verrückter, als ich es gewesen bin,

ich würde viel weniger Dinge so ernst nehmen.

ich würde nicht so gesund leben.

Ich würde mehr riskieren, würde mehr reisen, Sonnenuntergänge

betrachten, mehr bergsteigen, mehr in Flüssen schwimmen.

Ich war einer dieser klugen Menschen,

die jede Minute ihres Lebens fruchtbar verbrachten,

freilich hatte ich auch Momente der Freude,

aber wenn ich noch einmal anfangen könnte,

würde ich versuchen, nur mehr gute Augenblicke zu haben.

Falls du es noch nicht weißt, aus diesen besteht nämlich das Leben,

nur aus Augenblicken, vergiss nicht den jetzigen.

Wenn ich noch einmal leben könnte, würde ich von Frühlingsbeginn an bis in den Spätherbst hinein barfuß gehen.

Und ich würde mehr mit Kindern spielen, wenn ich das Leben noch vor mir hätte.

Aber sehen Sie...

Ich bin 85 Jahre alt und weiß, dass ich bald sterben werde.“

„Die acht Schätze".

# 1.0 ENERGIE TANKEN

## Starten und beenden Sie immer mit dieser Übung,

Stellen Sie sich in die Grundposition, die Hände seitwärts an den Körper gelegt und heben Sie die Hände langsam über den Kopf, weit weggestreckt vom Körper und bringen die Fingerspitzen über dem Kopf zusammen. Dabei über die Nase einatmen. Wenn die Fingerspitzen sich berührt haben, drücken Sie mit Kraft die Arme nach unten und Atmen kräftig über den Mund aus.

Über dem Bauchnabel gehen die Arme wieder auseinander und schöpfen so neue Energie.

Stellen Sie sich vor, Sie greifen nach den Sternen und alle die Sie greifen können gehören Ihnen.

Die Arme sind soweit, wie möglich, vom Körper gestreckt.

Diese Übung ist der Beginn und auch das Ende der Acht Übungen.

Diese Übung ermöglicht Ihnen so viel Energie, wie Sie können, in Ihrem Körper aufzunehmen.

Die Bewegung der Arme ergibt eine kreisende Bewegung vor dem Körper.

1

2

7 8

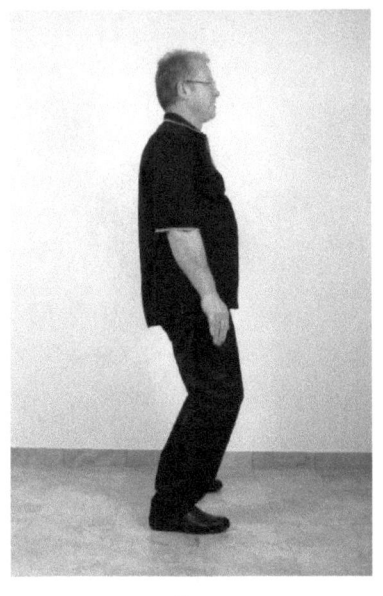 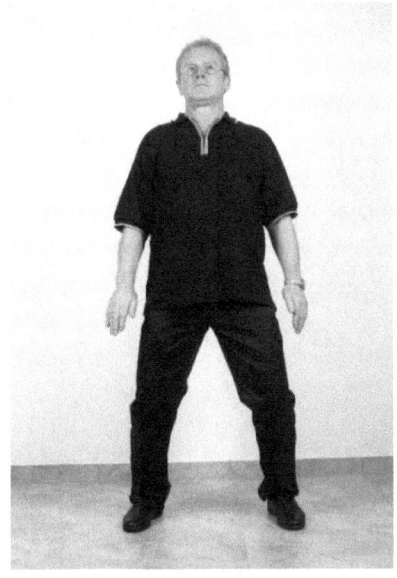

9 10

## 1.1 Das Spiel beginnen

(um Gelassenheit zu erlangen)

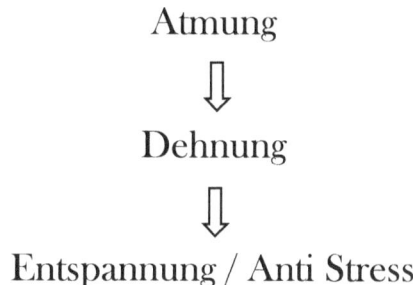

Nehmen Sie die Grundstellung ein:

Ihre Füße stehen schulterbreit, die Hände hängen locker an der Seite herunter. Schauen Sie geradeaus und fokussieren Sie einen Punkt an der Wand oder in der Natur. Bitte achten Sie darauf, dass sie ihren Körperschwerpunkt nach unten verlagern, und spannen Sie dazu ihre Gesäß- und Oberschenkelmuskulatur leicht an. Ansonsten sollten Sie keinerlei Spannung in sich haben und versuchen, an nichts zu denken.

Ruhig und gelassen beginnen Sie jetzt, durch die Nase einzuatmen, und bringen Sie die Hände im rechten Winkel zum Unterarm, so dass die Finger vor Ihrem Körper aufeinander zuweisen. Ziehen sie die Arme in dieser Position im Bogen nach vorne und oben, so dass die Handflächen jetzt zum Himmel zeigen. Atmen Sie dabei weiter ruhig durch die Nase ein. Schauen Sie nun nach oben zu Ihren Händen und halten Sie den Atem unverkrampft an. Jetzt schieben sie die Hände nach oben in Richtung des Himmels, wobei die Hände immer im rechten Winkel bleiben.

Führen Sie nun die Arme seitwärts nach unten, bis sie wieder seitlich anliegen, und atmen Sie ruhig durch den Mund aus. Gleichzeitig senken Sie den Kopf, bis Sie wieder, wie am Beginn der Übung, geradeaus blicken.

1

2

3

4

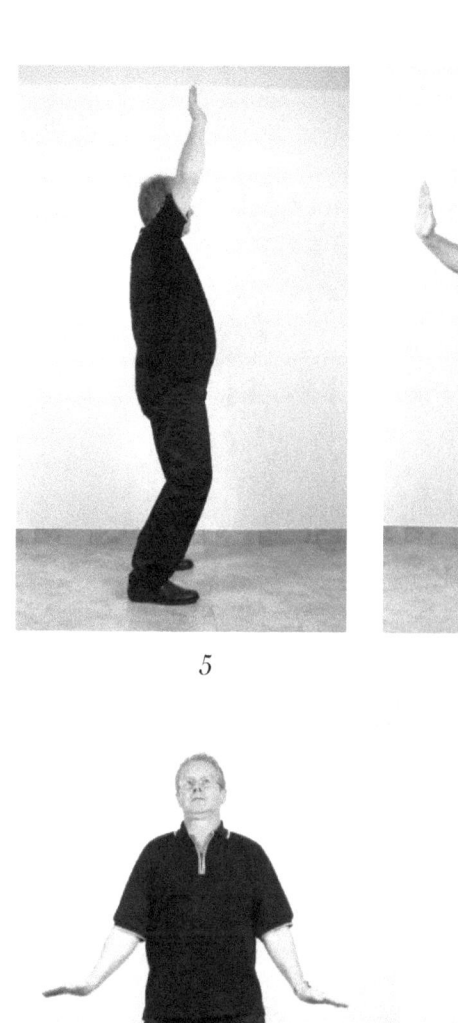

5

6

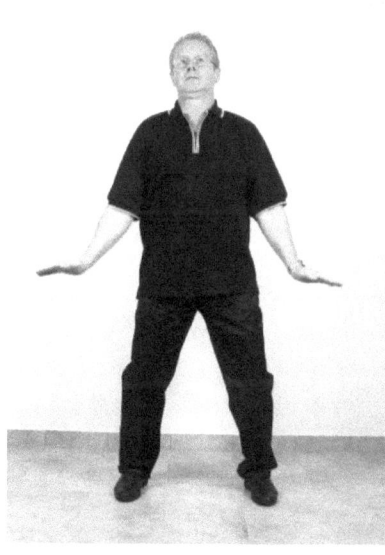

7

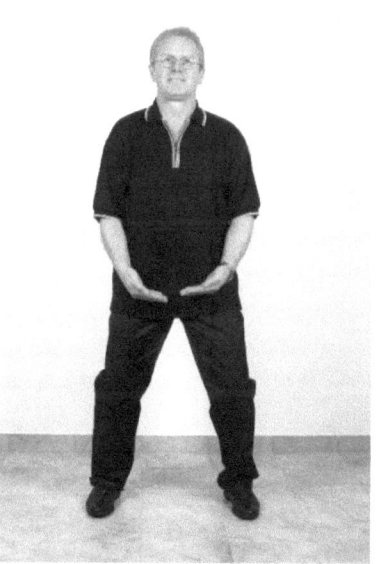

8

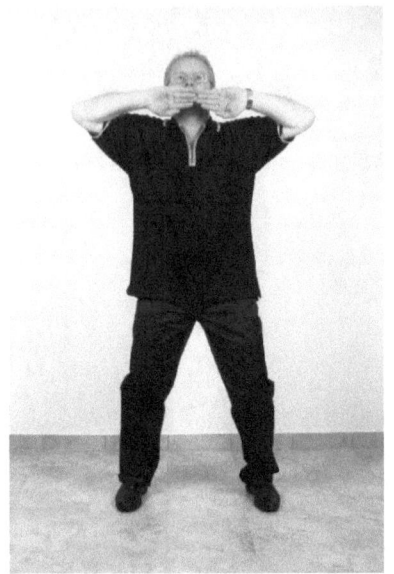

9

10

11

12

## 1.2 Die dreifache Energie
(um dreifach neue Energie zu gewinnen)

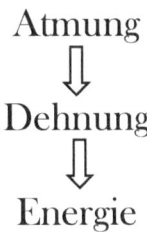

Ganz wichtig bei dieser Chi-Gong Übung ist, dass Sie Ihren Geist entlasten und bewusst atmen. Nehmen Sie die Grundstellung ein: Ihre Füße stehen schulterbreit, die Arme und Hände hängen locker an der Seite herunter. Schauen Sie geradeaus und suchen sich einen festen Fixpunkt, auf den Sie sich konzentrieren. Sie sollten unter Ihren Füssen den Boden spüren, der Sie trägt.

Beginnen Sie jetzt, durch die Nase einzuatmen, und falten Sie die Hände vor Ihrem Bauch mit den Handflächen nach oben. Heben Sie die gefalteten Hände bis in Kinnhöhe, wobei die Handflächen immer Ihnen zugewandt sind.

Beginnen Sie nun, durch den Mund auszuatmen, und senken Sie die noch immer gefalteten Hände in einer kleinen Kreisbewegung wieder bis in Bauchhöhe. Wichtig ist, dass die Handflächen während der Abwärtsbewegung nach unten zeigen. Gehen Sie dabei in die Hocke. Nun atmen Sie wieder ein und heben gleichzeitig die immer noch gefalteten Hände in einer runden Bewegung vom dem Körber Wegstrecken bis über den Kopf. Während der Aufwärtsbewegung zeigen die Handflächen vom Körper weg und sind zum Schluss nach oben gerichtet. Gleichzeitig richten Sie Ihren Körper auf. Atmen Sie nun ruhig durch den Mund aus, lösen Sie die Finger und führen Sie die Hände in einer seitlichen Kreisbewegung nach unten, bis Sie wieder in der Grundstellung stehen. Hände weit weg vom Körper strecken.

Sie stehen jetzt wieder in der Grundstellung.

1

2

3

4

5          6

### 1.3 Den Bogen spannen

(um das Ziel zu erreichen)

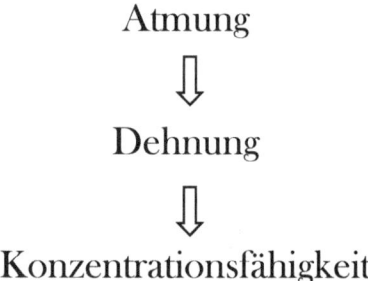

Atmung

⇩

Dehnung

⇩

Konzentrationsfähigkeit

Entscheidend bei dieser Chi-Gong Übung ist die bewusste und richtige Atmung. Achten Sie auch auf Ihre Zunge. Nehmen Sie einen anderthalbfachen Schulterbreiten Stand ein, wobei die Zehen nach außen

gerichtet sind. Unter- und Oberschenkel stehen fast im rechten Winkel zueinander. Bemühen Sie sich, den Rücken gerade zu halten und nicht das Gesäß nach hinten zu drücken. Fokussieren Sie mit den Augen einen Punkt geradeaus und lassen Sie die Hände locker vor sich nach unten hängen.

Beginnen Sie, durch die Nase einzuatmen und heben Sie die Hände bis in Brusthöhe, wobei Sie sie allmählich langsam zu einer sanften Faust schließen und einen etwas sichereren Stand einnehmen.

Und drehen den Kopf nach links. Gleichzeitig bewegen Sie Ihre linke Hand, die sich immer in Schulterhöhe befindet, nach links außen gestreckt, wobei Sie mit Zeige- und Mittelfinger ein „V" formen. Ihr Daumen und Ringfinger berührt sich sanft. Die ganze Zeit über halten Sie die rechte Hand weiterhin halb geschlossen, wobei Sie aber den gebeugten Arm ein klein wenig nach rechts außen bewegen, etwa so, als wenn Sie einen Bogen spannen wollten. Während Sie diese Bewegung ausführen, gehen sie lang-sam in die erweiterte Ausgangsstellung zurück, d. h. Ihre Füße stehen etwa anderthalbfach schulterbreit.

Nun beginnen Sie <u>all Ihre Luft</u>, durch den Mund stoßartig auszuatmen,

Beginnen Sie nun wieder einzuatmen und führen Sie die linke Hand, die sich allmählich wieder zur lockeren Faust schließt, und die rechte Hand, die ja immer noch halb geschlossen ist, vor den Körper in Brusthöhe zurück. Nehmen Sie dabei wieder den etwas erhöhten Stand ein. Beginnen Sie auszuatmen, und senken Sie die Hände, wobei Sie sie allmählich öffnen. Nehmen Sie wieder den erweiterten Stand wie in der Ausgangs-stellung ein. Wiederholen Sie nun diese Chi-Gong Übung und spannen Sie den Bogen auf der rechten Seite

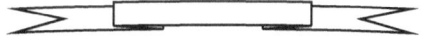

1

2

3

4

5

6

7

8

9    10

11    12

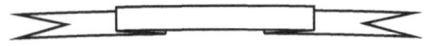

### 1.4 Die Herausforderung annehmen

(um ganzheitlich zu wirken)

# Atmung

⇩

# Dehnung

⇩

# Ausstrahlung

Nehmen Sie die Grundstellung ein:

Ihre Füße stehen schulterbreit, die Hände hängen locker an der Seite herunter. Schauen Sie geradeaus und fokussieren Sie einen Punkt an der Wand oder in der Natur. Gehen Sie leicht in die Knie und spannen Sie Ihre Gesäßmuskeln ein wenig an. Auch bei dieser Chi-Gong - Übung ist die bewusste und richtige Atmung sehr wichtig.

Beginnen Sie nun, durch die Nase einzuatmen, legen Sie dabei die Zunge an den Gaumen. Heben Sie beide Hände mit den Handflächen nach oben bis in Schulterhöhe. Nun atmen Sie langsam durch den Mund aus und drehen die Handflächen in einer kleinen Kreisbewegung wieder nach unten. Senken Sie beide Hände bis etwa in Bauchhöhe.

Jetzt atmen Sie wieder langsam ein und führen die rechte Hand von der Bauchhöhe neben den rechten Oberschenkel, wobei die Handfläche nach unten zeigt. Gleichzeitig bewegen Sie die linke Hand in einer Kreisbewegung bis über den Kopf. Dabei ist die Handfläche von Ihnen abgewandt und zeigt zum Ende der Bewegung nach oben. Beginnen Sie nun wieder auszuatmen und führen Sie die linke Hand in einem großen seitlichen Bogen neben den linken Oberschenkel. Wiederholen Sie diese Übung und heben Sie die rechte Hand. Zum Schluss stehen Sie wieder in der Grundstellung.

1

2

3

4

5

6

7

8

9

10

11

12

13

14

15

16

## 1.5 Den beschrittenen Weg zurückschauen

(um Emotionen zu vertreiben)

Atmung

⇓

Dehnung

⇓

Balance

Bitte nehmen Sie wieder die Grundstellung ein:

Schulterbreiter Stand, die Hände hängen locker an der Seite herunter. Schauen Sie geradeaus und fokussieren Sie einen Punkt an der Wand oder in der Natur. Gehen Sie leicht in die Knie und spannen Sie Ihre Gesäßmuskeln ein wenig an.

Beginnen Sie, durch die Nase einzuatmen, und heben Sie beide Hände mit den Handflächen nach oben bis in Schulterhöhe. Beginnen Sie auszuatmen, und drehen Sie die Handflächen in einer kleinen Kreisbewegung nach unten. Führen Sie die Handflächen langsam bis etwa in Hüfthöhe und drehen Sie gleichzeitig den Kopf zu linken Seite. Schauen Sie den Weg zurück, den Sie gegangen sind. Und lassen Sie die Vergangenheit hinter sich.

Nun beginnen Sie wieder einzuatmen, (fließen lassen) heben beide Hände wieder mit den Handflächen nach oben bis in Schulterhöhe und drehen dabei den Kopf zurück zu Mitte. Beginnen Sie auszuatmen und senken Sie wieder beide Hände mit den Handflächen nach unten. Gleichzeitig drehen Sie den Kopf nach rechts. Schauen Sie auch in diese Richtung zurück. Und lassen sie los von dem „Gestern".

Nun atmen Sie erneut langsam ein, heben beide Hände mit den Handflächen nach oben bis in Schulterhöhe und drehen dabei den Kopf zurück zur Mitte. Beginnen Sie auszuatmen und senken Sie wieder beide Hände mit den Handflächen nach unten. Dabei bleibt der Kopf in der Mitte.

Wiederholen Sie diese Chi-Gong Übung und beginnen Sie diesmal damit, dass Sie nach rechts hinter sich blicken. Zum Schluss stehen Sie wieder in der Grundstellung.

1            2

3            4

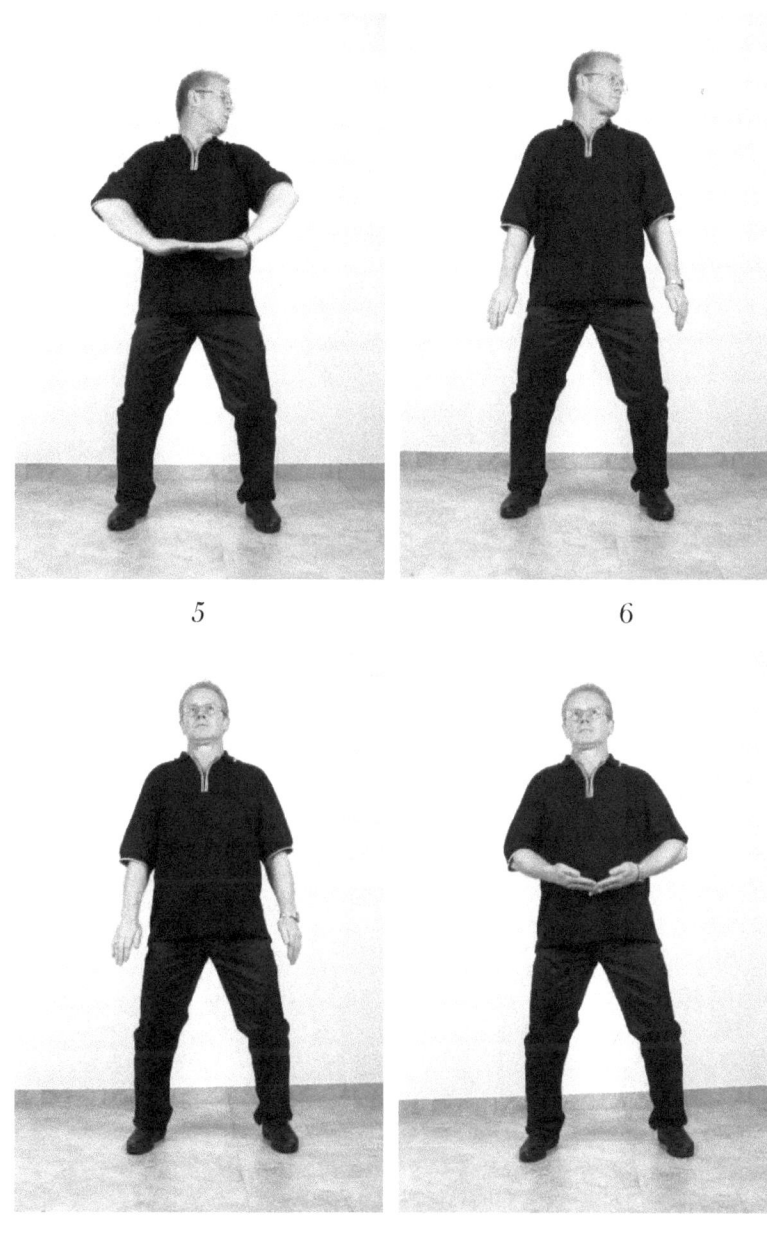

5

6

7

8

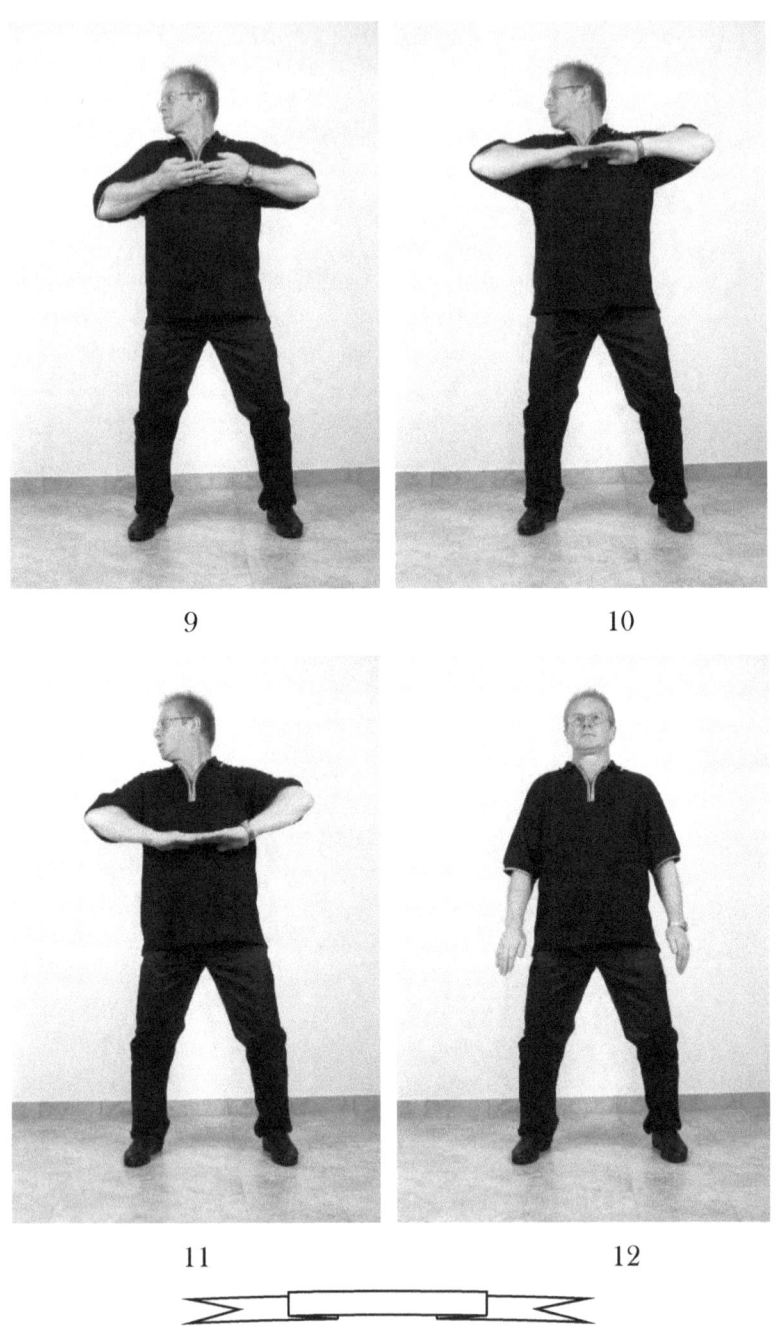

9

10

11

12

## 1.6 Die Mitte stabilisieren

(um voll im Spiel zu sein)

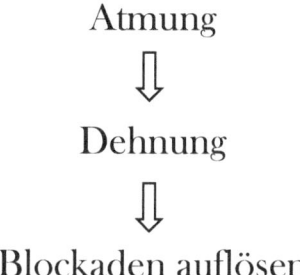

Atmung

⇩

Dehnung

⇩

Blockaden auflösen

Nehmen Sie bitte wieder die erweiterte Ausgangsstellung wie bei der zweiten Übung ein, das heißt anderthalbfacher schulterbreiter Stand, die Zehen sind nach außen gerichtet, Unter- und Oberschenkel stehen fast im rechten Winkel zueinander. Ihre Hände ruhen auf den Oberschenkeln, der Daumen zeigt nach vorn und die Finger nach hinten. Versuchen Sie mit dem Daumen den Hüftknochen zu berühren. Bemühen Sie sich, den Rücken gerade zu halten und das Gesäß in der Ausgangsposition nicht nach hinten zu strecken.

Beginnen Sie beim Runtergehen immer mit ausatmen und drehen Sie den Oberkörper zusammen mit dem Kopf nach rechts, Neigen Sie sich zur rechten Seite. Halten Sie dabei Ihren Rücken gerade und beugen Sie Ihren rechten Ellbogen. Beginnen Sie auszuatmen und beugen Sie sich noch weiter zur rechten Seite. Ihr Gewicht ruht jetzt überwiegend auf dem rechten Bein. Nun kreisen Sie den Oberkörper zusammen mit dem Kopf langsam zur Mitte und von dort weiter zur linken Seite. Dabei verlagern Sie auch Ihr Gewicht vom rechten auf das linke Bein. Halten Sie die Neigung während der Rotation; der Rücken bleibt gerade. Automatisch beschreiben Sie nun mit dem Gesäß eine Bewegung, die dem Kreisen des Oberkörpers entgegengesetzt ist, also von links nach rechts geht.

Zum Schluss der Bewegung ruht das Gewicht überwiegend auf dem linken Bein, und Sie beugen den linken Ellbogen. Alle Luft ist jetzt ausgeatmet!

Beginnen Sie nun wieder einzuatmen (fließen lassen) und richten Sie sich dabei wieder etwas auf. Ziehen Sie auch den Po wieder ein. Der Rücken bleibt weiterhin gerade, Beginnen Sie auszuatmen und beugen Sie sich wieder weit zur linken Seite. Das Gewicht ruht überwiegend auf dem linken Bein. Drehen Sie den Oberkörper zusammen mit dem Kopf langsam zur Mitte und von dort weiter zur rechten Seite. Dabei verlagern Sie auch Ihr Gewicht vom linken auf das rechte Bein. Halten Sie die Neigung während der Rotation; der Rücken bleibt gerade. Die Neigung bleibt während der Rotation erhalten und der Rücken gerade. Automatisch beschreiben Sie mit dem Gesäß eine Bewegung, die dem Kreisen des Oberkörpers entgegengesetzt ist, also von rechts nach links geht. Zum Schluss der Bewegung ruht das Gewicht überwiegend auf dem rechten Bein, und Sie beugen den rechten Ellbogen. Alle Luft ist jetzt ausgeatmet!

Beginnen Sie beim Hochgehen die Luft einfließen zu lassen und richten Sie den Oberkörper wieder ganz auf und ziehen Sie auch den Po wieder ein. Oben sind die Lungen wider mit Sauerstoff gefüllt, das Sie beim erneuten abwärtsgehen sie wieder voll auf das Ausatmen konzentrieren könne. Wiederholen Sie diese Übung und rollen Sie dabei den Oberkörper von links nach rechts.

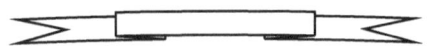

1

2

3

4

5

6

7

8

9

10                                    11

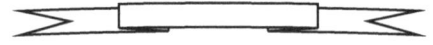

## 1.7 Die Füße fassen

(um die Energiebahnen zu aktivieren)

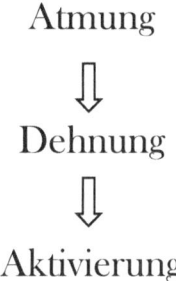

Atmung

⇩

Dehnung

⇩

Aktivierung

Nehmen Sie bitte wieder die Grundstellung ein:

Gehen Sie leicht in die Knie, Ihre Füße stehen schulterbreit, die Arme etwa $90°$ angewinkelt am Körper. Die Handflächen zeigen nach vorne. Wie wenn Sie sich von etwas abstoßen wollten. Beginnen Sie nun bewusst durch die Nase einzuatmen und führen Sie die Arme weit nach hinten, (soweit möglich) wobei die Handflächen nach vorne zeigen. Nun drücken Sie die Hände weit nach vorne und heben Sie die Hände in einer großen Kreisbewegung nach oben, wobei Sie gleichzeitig die Knie langsam durchdrücken. (Körper aufgerichtet). Die Handflächen zeigen währenddessen immer nach vorne und zum Ende der Bewegung nach oben. Sehen Sie Ihren Händen nach, wobei Sie auch den Kopf nach oben drehen.

Beginnen Sie nun langsam bewusst auszuatmen und beugen Sie sich nach vorn, (Wirbel für Wirbel) indem Sie in der Leiste einknicken. Bitte achten Sie unbedingt darauf, dass der Rücken gerade bleibt und die Knie durchgedrückt sind. Umfassen Sie jetzt mit beiden Händen Ihre Knöchel und Massieren Sie Ihre Knöchel.

Legen Sie die Hände wie ein Rechen mit etwas Druck auf die Außenseite der Beine und richten sich wieder auf.

(Fingerkuppen berühren den Körper)

Beginnen Sie langsam einzuatmen (Atem fließen lassen>) und richten Sie sich langsam Wirbel für Wirbel wieder auf. Dabei ziehen Sie die Hände etwa bis zur Hüfte und mit einem Stoß Atmen Sie wieder aus.

Knicken Sie mit den Knien ein und machen den Rücken rund. Ihr Kopf hängt locker nach vorn. Die Arme wider am Körper angewinkelt und jetzt erst beim Zurückgehen der Arme wieder einatmen. Sie stehen nun wieder in der Grundstellung.

Wichtig ist, dass Sie wirklich den Atem in den „einen Punkt" in Ihren Bauch lenken. Zum Schluss dieser Bewegung werden Sie fühlen, dass die Schultern ganz schwer werden. Beginnen Sie auszuatmen und richten Sie den Kopf auf.

1

2

3

4

5

6

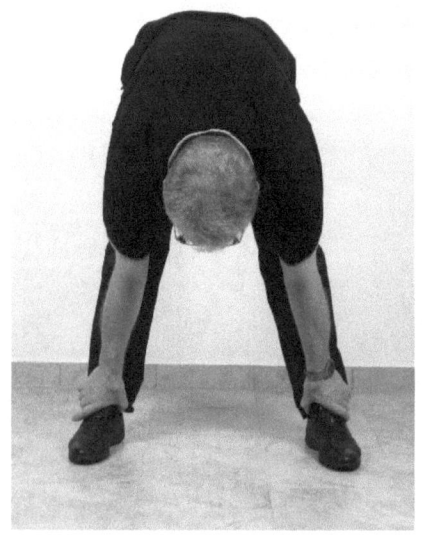

7

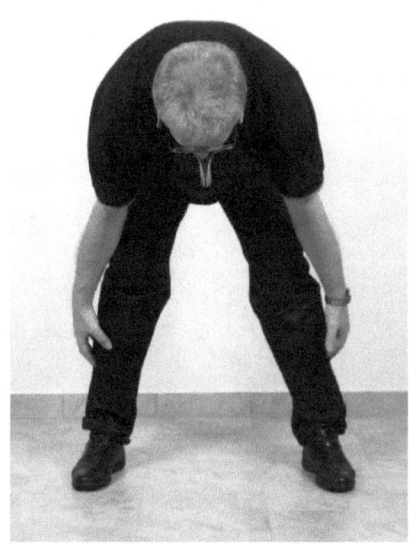

8

9

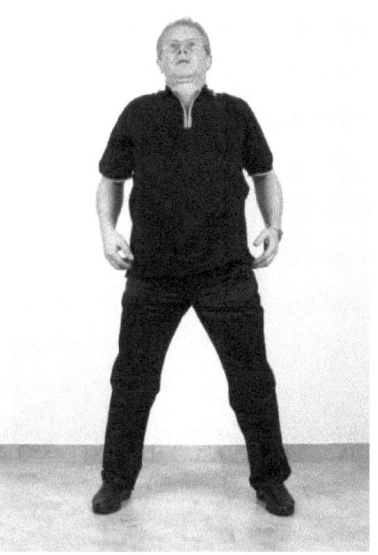

10

11

12

13

14

15

16

## 1.8  Die Fäuste ballen

(um die ganzheitlichen Kräfte zu mehren)

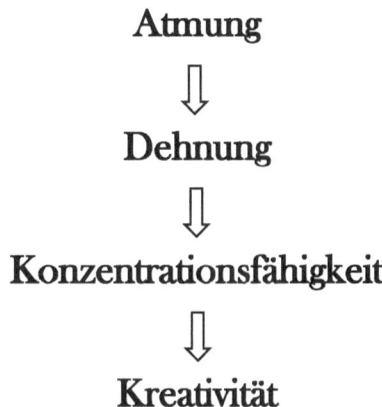

**Atmung**

⇩

**Dehnung**

⇩

**Konzentrationsfähigkeit**

⇩

**Kreativität**

Nehmen Sie wieder die erweiterte Ausgangsstellung wie bei der dritten und sechsten Übung ein, also den anderthalbfachen Schulterbreiten Stand, bei dem Sie tief in die Knie gehen, bis Unter- und Oberschenkel fast einen rechten Winkel zueinander bilden. Konzentrieren Sie sich auf einen Fix-punkt an der Wand oder in der Natur und lassen Sie anfangs die Hände locker vor sich nach unten hängen. Bemühen Sie sich, den Rücken gerade-zuhalten und nicht das Gesäß nach hinten zu strecken.

Heben Sie beide Hände zur Mitte der Brust und beginnen Sie nun einzuatmen und ballen Sie die Hände allmählich zu einer lockeren Faust. Ganz wichtig ist, dass die Hände dabei nicht verkrampfen, das heißt, Sie sollten nicht die Finger zusammendrücken. Denken Sie in Ihrer Faust haben Sie ein Schmetterling gefangen. (Festhalten nicht zerdrücken). Nun heben Sie die Fäuste bis in Brusthöhe, wobei Sie einen etwas erhöhten Stand einnehmen.

Beginnen Sie auszuatmen und (boxen) den linken Arm vom Körper in Zeitlupe schräg nach links nach vorn, wobei Sie aber den Arm nicht ganz strecken. Sehen Sie immer der Faust nach, indem Sie auch den Kopf gleichzeitig in die Blickrichtung drehen, und (blinken Sie einmal mit den Augen) Augen weit öffnen Ihrer Faust zu. Bei dieser Bewegung nehmen Sie wieder die ganz tiefe Stellung ein. Die Position der Beine bleibt die ganze Zeit über unverändert.

Beginnen Sie einzuatmen, (fließen lassen) und führen Sie die linke Faust zur Mitte zurück, richten Sie den Blick wieder geradeaus und führen Sie beide Fäuste in einer Kreisbewegung über den Kopf. Arme immer weit vom Körper gestreckt. Dabei nehmen Sie einen etwas erhöhten Stand ein. Beginnen Sie auszuatmen und öffnen Sie die Hände. Führen Sie die Hände in einem großen Bogen seitwärts zur Ausgangs-position zurück und nehmen Sie wieder die erweiterte Stellung ein. Wiederholen Sie die Übung, wobei Sie jetzt mit der rechten Faust schräg nach vorne immer in Zeitlupe boxen.

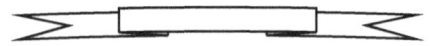

1

2

3

4

5

6

7

8

9

10

11

12

13

14

15

16

17

18

19

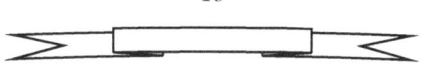

## ENERGIE TANKEN

**Starten und beenden Sie immer mit dieser Übung,**

Nun nochmals „Energie tanken", (1.0) bevor Sie mit der Meditation beginnen.

## Meditation

Jede gesamte Übung schließt man am Ende mit einer stillen Meditation ab.

Stellen Sie sich dazu in die Grundstellung:

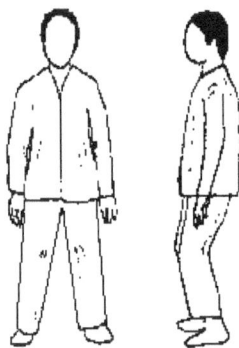

Dieses Mal ohne die Pobacken gespannt.

Schulterbreiter Stand.

Legen Sie beide Hände auf Ihr Dantian und entspannen Sie sich. Suchen Sie mit Ihrem Kopf eine gebeugte, bequeme Haltung. Spüren Sie den Atem, wie er fließt. Schließen Sie die Augen und stellen Sie sich vor, wie Ihr Kopf, Schulter immer leichter wird. Atmen Sie ruhig und entspannt stehen Sie ganz locker und spüren den festen Boden, der Sie trägt. Sie sind jetzt Eins mit dem Boden, der Sie trägt. Der Körper wird immer leichter, Sie spüren die Entspannung im Körper. Sobald die Entspannung einsetzt konzentrieren jetzt nur noch auf die Füße. Sie Spüren den Boden der Sie trägt. Spüren Sie wie die Füße schwerer und schwerer werden und Sie sich weiter und weiter entspannen.

Verharren Sie in dieser Stellung ca. 2 Minuten danach kommen Sie langsam wieder zurück und öffnen die Augen bis Sie im hier und jetzt sind.

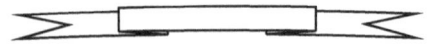

1                                          2

Die Übung ist dann erst perfekt, wenn Sie spüren, dass Sie leichter werden.

Und wenn Sie spüren, dass Ihre Füße schwerer und schwerer werden.

Wenn der Körper nach und nach sich entkrampft.

Und wenn Sie danach eine innere Ruhe verspüren.

Viel Spaß bei der Umsetzung wünscht Ihnen


Friedel Scheede

PS: Sollten Sie noch Fragen oder Anregungen haben, so lassen Sie es mich wissen.

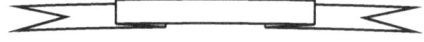

**Jeder Tag im Leben ist Training!**

Ein Training für mich selbst;
obwohl ich Fehler mache.

Bin ich bereit, jeden Moment zu leben,
alles gleichzeitig anzunehmen;
bereit für alles.
Ich lebe
– ich bin dieser Moment:
Meine Zukunft ist hier und jetzt –
Denn was ich heut nicht ertragen kann,
wann und wo werde ich es dann ertragen können.

Loen Ozeki

Daisen – in Zen Tempel Kyoto

Sei wie der Bambus, hart, ausdauernd und dennoch
flexibel.

„Asiatisch und Sinnbild für Buddha"

## Begriffe / Erklärung

**Qi = Qi** (qì, *Ch'i*), in Japan als *Ki* und in Korea als *Gi* bekannt, bedeutet übersetzt Energie, Atem oder Fluidum. Es nehmen, v.a. in Asien, verschiedene Religionen auf diese „metaphysische Energie" Bezug und der daoistische Philosoph Zhuangzi war der erste, der schrieb, der Kosmos bestehe aus Qi, so dass Qi ursprünglich ein daoistischer Begriff ist.

**Dantian** = Das Dantian ist ein Energiezentrum unterhalb des Nabels. Vor seiner Geburt wurde jeder Mensch durch die Nabelschnur versorgt. Nach der Geburt bleibt dieser Bereich ein wichtiger Teil der Körpers, wird aber von den meisten Menschen vernachlässigt. Das Dantian ist das Zentrum des Körpers, der Atmung, der Energie: und damit der Ausgangspunkt für Gesundheit und ein langes Leben. Dan ist eine Bezeichnung für Zinnober, das früher nur mit schwierigen geheimen Verfahren gewonnen werden konnte, und für wertvolle Arznei. Dantian drückt also die Bedeutung aus, den das dort gesammelte Qi nach Ansicht der Daoisten und der inneren Alchemie für die Gesundheit und für die Verlängerung des Lebens hat. Im Qi-Gong und bei den inneren Kampfkünsten wird trainiert, das Qi aus dem Dantian - dem „Ozean des Qi" - zur Hand oder zum Fuß zu lenken, und diese so mit der inneren Kraft zu bewegen. Gleichzeitig ist das Dantian eine Bewegungsachse. Eine Qigong-Übung, ohne dass danach die Energie im Dantian gesammelt wird, ist eine verlorene Qigong-Übung! Wer tiefer in die Praxis des Qi-Gong vordringt, der kennt drei Dantian: das oben besprochene Dantian, ein mittleres Dantian in der Brust und ein oberes Dantian zwischen den Augenbrauen.

Wo das eigene Dantian genau liegt, kann man nur selber spüren - man kann es nicht mit dem Lineal ermitteln.

**Meditation** = im Tai Chi, Qi-Gong, Yoga und Zen Jeder meditiert jeden Tag. Im Sitzen genauso wie beim Laufen. Meditation aber bedeutet, diesen Kontakt mit dem Unterbewusstsein bewusst herbeizuführen und zu lenken, um dem Bewusstsein inneren Frieden zu geben und dem Körper Entspannung - und um sich auf geistige und körperliche Arbeiten einzustimmen. Übungen im Tai Chi, Qi-Gong, Yoga und Zen sind immer Übungen in Meditation. Das Wort Meditation stammt von den lateinischen Worten *medius = die Mitte* und *meditatio = Nachdenken über* ab. Meditation wird von vielen geübt, um den Bewusstseinszustand zu verändern, und von einigen sogar für die Erleuchtung. Meditation ist Konzentration auf einen Gegenstand oder eine Tätigkeit, allerdings eine absichtslose Konzentration. Es gibt verschiedene Arten von Meditation: Autogenes Training.

Meditieren ist heute selbstverständlich für den Dalai Lama, Manager, Fußballer oder Madonna.

**Tantra** = Der Begriff „Tantra" bezieht sich auf bestimmte hinduistische und buddhistische Schriften oder die in ihnen beschriebenen Rituale und Praktiken. Sie befassen sich vor allem mit Meditationstechniken und Ritualen sexueller Natur.

**Reiki** = Wie ihre Gegenstücke in traditioneller chinesischer Medizin (TCM) glauben die Anwender von Reiki, dass Gesundheit und Krankheit eine Angelegenheit von blockierter Lebensenergie sind. Reiki ist keine Naturheilkunde und hat nichts mit „Jahrtausende alten fernöstlichen Heilmethoden" zu tun und selbst wenn, ist Alter noch lange kein Indikator für Wirksamkeit

**Kristalle** = Seit Jahrhunderten sind Kristalle und andere Schmuckstücke wegen ihrer angeblichen magischen Heilkräfte und ihrer mystischen, paranormalen Eigenschaften begehrt. Dieser Glaube lebt heute in Okkultisten und New Age-Heilern fort, obwohl er auf nichts anderem basiert als Bezeugungen, Placebo-Effekt, selektivem und Wunschdenken, dem Forer-Effekt, sympathischer Magie und gegenseitiger Verstärkung. Es gibt keine wissenschaftlichen Belege dafür, dass Kristalle magische Energie liefern, die zu Heilung, Schutz oder Zukunftsschau verwendet werden könnte.

**Feng Shui** = (ausgesprochen „fong schuä"; wörtliche Bedeutung ist „*Wind Wasser*" - Dank an Yang Yang, die mir die Aussprache demonstrierte) ist Teil einer alten chinesischen Naturphilosophie. Feng Shui wird oft mit einer Art von Geomantie gleichgesetzt - Hellsehen mittels geografischer Gegebenheiten - befasst sich aber vor allem mit dem Verständnis des Verhältnisses zwischen der Natur und uns, um das Leben in Harmonie mit unserer Umwelt zu ermöglichen.

**Chakra** = Gemäß der Philosophie des Tantra ist ein Chakra ein Energiepunkt im menschlichen Körper. Es gibt sieben Chakren, einen für jeden der sieben Körper, die wir angeblich besitzen. Will man einigen erleuchteten Menschen glauben, so haben Chakren eine Farbe und erzeugen Auren, die die eigene geistige und körperliche Gesundheit und das eigene Karma anzeigen. Die behauptete Energie der Chakren ist je-doch nicht wissenschaftlich messbar und ist bestenfalls eine metaphysische Chimäre und schlimmstenfalls eine anatomischer Irrtum.

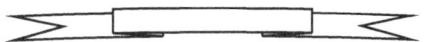

# Die Geschichte des Chi-Gong:

So wie die chinesische Kultur die älteste Menschheitsgeschichte darstellt, hat auch die Medizin in China eine für den Westen oft unfassbar lange Tradition.

So sind Chi-Gong Übungen aus der Zeit um ca. 2700-3500 v.Chr. bekannt. (Ältere Aufzeichnungen wurden auch in Gräbern gefunden) Erste Aufzeichnungen gehen auch auf den legendären gelben Kaiser zurück der das Reich neu ordnete.

Auf die Zeit der Zhou-Dynastie (1100-771 v. Chr.) gehen Bronzetafeln zurück, auf denen Chi-Gong Übungen beschrieben sind. Früher bezeichnete man Chi-Gong auch als Yang Xing (das Lebensprinzip nähren). Ca. 600 v. Chr. haben chinesische Ärzte Chi-Gong erstmals nachweislich in ihre therapeutische Praxis einbezogen. Konzept und Grundlage des Chi-Gong entstand vermutlich zur gleichen Zeit wie die Theorie von Yin und Yang, Wu Chi und Qi. Gleichzeitig entstand die Theorie der 3 Kräfte: Himmel (Tian), Erde (Di) und Mensch (Ren).

Die Beziehung dieser drei Kräfte untereinander ist eine der Hauptaspekte des Chi-Gong. In der Zeit zwischen 200-400 n. Chr. kommt der Buddhismus nach China. Er nimmt die taoistischen Chi-Gong Theorien auf und bereichert sie um die buddhistisch-indische Tradition.

Zu dieser Zeit wird in fast allen buddhistischen und taoistischen Schulen Chi-Gong gelehrt. Der Sinn des Chi-Gong ist nicht mehr auf seine rein medizinische Wirkung beschränkt sondern man strebt mit seiner Hilfe auch den Pfad der Erleuchtung an.
Es wandelt sich also zu einem System, dass nun auf Körper, Geist und Seele wirkt.

In der Zeit zwischen 520-550 n. Chr. erreicht Boddhidharma, der 28. Patriarch des Buddhismus China. Er entwickelt im Shaolin Kloster den Chan-Buddhismus. Er begründet in den Jahren seines Wirkens im Shaolin Kloster den Grundstein für das sehr kriegerisch orientierte Chi-Gong des Shaolin Tempels (Shaolin Nei Gong).

Unter anderem dadurch vermischt sich das buddhistische und das taoistische Chi-Gong so stark, dass sie heute kaum noch zu unterscheiden, geschweige denn zu trennen sind.

Sinn der Shaolin Übung ist die Vermittlung von mentaler und körperlicher Stärke, Harmonie und Gesundheit. Während der Zeit der Song-Dynastie (960-1279 n. Chr.) wurde in die Kampfsysteme von Shaolin immer mehr Chi-Gong eingebaut und schließlich die gesamten Kampfkünste von Shaolin fast vollständig auf den alten Chi-Gong Systemen aufgebaut.

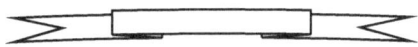

Sie können im Leben
alles, erreichen,
was Sie wollen,
wenn Sie nur
genügend anderen
Menschen helfen,
zu erreichen,
was diese
haben wollen.

*(Zig Ziglar)*

# Schönheit und Gesundheit durch Chi-Gong

## In der Stille liegt die Kraft

## Von der Hektik zur Gelassenheit durch Business Chi-Gong

Von der Hektik zur Gelass:
heit durch Qi Gong

Sandra ist Mitte 30. Seit Jahren besucht sie die Power-Aerobic-Kurse ihres Fitness-Studios und bei gesunder Ernährung schwinden auch wirklich die Pfunde. Trotzdem kostet es sie immer wieder Überwindung, die lärmenden Sport-hallen zu betreten und die lauten Motivations-rufe ihres Aerobictrainers in hektisch ausgeführte Übungen umzusetzen. Nach dem Training ist zwar ihr „Was-zeigt-die-Waage" Gewissen beruhigt aber glücklicher oder gesünder als vorher fühlt sie sich nicht. Kein Wunder für den erfahrenen Chi-Gong-Lehrer Friedel Scheede, der sich intensiv mit der altchinesischen Heilgymnastik auseinandersetzt. „Wir Westler denken oft, dass man Sport nur erfolgreich ausführt, wenn man sich danach ausgepowert und körperlich schwach fühlt", sagt er. „Aus fernöstlicher Sicht erzeugt dieser Standpunkt erhebliches Kopfschütteln."

Die Sportarten aus China oder Indien sind so angelegt, dass sie immer zu einem sofortigen Energiegewinn führen!"

Zu einem positiven Kraftschub, der sich nicht nur körperlich, sondern auf allen Ebenen bemerkbar macht.

### Weniger ist mehr

Zu diesen Sportarten gehört Chi-Gong. Eine Kombination aus langsamen und harmonischen Atem- und Bewegungsabläufen, die man über Jahrtausende hinweg in chinesischen Klöstern entwickelt hat und die mittlerweile nicht nur von Millionen von Menschen in China, sondern in vielen Teilen der Erde regelmäßig praktiziert werden. Dabei steht Chi-Gong besonders in der „Traditionellen Chinesischen Medizin (TCM)" als Grundlage für alle Verbesserungen wie Stressabbau, Schmerzreduktion, Gesundheit, Leistungsverbesserung und ein langes gesundes Leben.

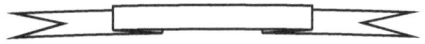

Eigene Notizen:

| Tag | Thema | | |
|-----|-------|--|--|
| 1 | | | |
| 2 | | | |
| 3 | | | |
| 4 | | | |
| 5 | | | |
| 6 | | | |
| 7 | | | |
| 9 | | | |
| 10 | | | |
| 11 | | | |
| 12 | | | |
| 13 | | | |
| 14 | | | |
| 15 | | | |
| 16 | | | |
| 17 | | | |
| 18 | | | |
| 19 | | | |
| 20 | | | |
| 21 | | | |
| 22 | | | |
| 23 | | | |
| 24 | | | |

| | | | |
|---|---|---|---|
| 25 | | | |
| 26 | | | |
| 27 | , | | |
| 28 | | | |
| 29 | | | |
| 30 | | | |
| 31 | | | |

Weitere Notizen:

| | | | |
|---|---|---|---|
| | | | |
| | | | |
| | | | |
| | | | |
| | | | |
| | | | |
| | | | |
| | | | |
| | | | |
| | | | |
| | | | |
| | | | |
| | | | |
| | | | |
| | | | |
| | | | |
| | | | |

*Friedel Scheede,*

Weltweit einer von 5, zertifizierten Business Chi-Gong Mastertrainer.

Fasanenstr. 8

04420 Markranstädt

034205 99230

Email: info@scheede-training.de

www.scheede-training.de

Zeitfracht Medien GmbH
Ferdinand-Jühlke-Straße 7
99095 Erfurt, Deutschland
produktsicherheit@kolibri360.de